AF598816

UNA ÓPERA SIN COROS

NATALIA COSÍO

Aliarediciones

Corrección: Alejandro Santiago
Diseño de cubierta: Natalia Cosío IA
Maquetación: Aliar Ediciones

Depósito Legal: GR 1222-2025
ISBN: 979-13-87823-76-4

Impreso en España

Edita
ALIAR Ediciones
www.aliarediciones.es
info@aliarediciones.es

UNA ÓPERA SIN COROS

NATALIA COSÍO

Obertura

Venida estoy a narrar la historia
de cómo fue la fuerza de una vida
de cómo fue la juventud vencida
de cómo poder estar en la memoria

de alguien. La historia aquí debida
de siglos, de años, de eterna ceremonia
absurda. De sentimientos de euforia
total y brutalmente aborrecida.

Porque una ópera es cantada
pero nunca ópera sería
si no tuviera espíritu o llamada

a la pena, a la tristeza o alegría
¿una tragicomedia planeada
o una novela desaparecida?

Acto 1

RECITATIVO

Los espíritus vacíos vagan por las calles
nadie los ve, a todos les importa
si caminar o seguir levitando
entre las grandes mentiras que les cuenta la multitud.

Y ahora qué, qué podemos hacer
cuando las personas han quedado atadas antes de nacer
a un cerebro prefabricado, a unas jeringas preparadas
a una enfermedad que no enferma
a un cielo que ya no es azul.

No podemos más que seguir
gritando sin ninguna voz
remando sin ningún barco
y seguir luchando por la libertad
simplemente intentando ser libres.

CORO

Las personas son cada vez
más máscaras
sus voces falsas son
cada vez más resonantes.

Pero la culpa es nuestra por
haber avanzado en la sociedad.
Porque hoy en día es fácil poner una sonrisa en un mensaje,
simplemente desaparecer en una red de esas asociales.

Es sencillo hacer pensar
que alguien participa en tu vida
cuando ya hace tiempo en tus pensamientos
desechaste su aura como un pañuelo.

Pero me pregunto
¿qué tiene de bueno ser así?,
si es poco elegante.

Es rastrero.

Simplemente es feo.

¿Por qué lo hacemos?

Porque hoy en día tenemos muchos muros felices
pero fácilmente podemos ocultar a alguien de nuestras historias
y dejar de hacerle compañero de nuestros recuerdos
aunque siga pensando que fuiste parte de su vida.
Porque ahora ser un escaparate es lo más cómodo
pero lo más valiente es enfrentarse a lo que es uno mismo.

Y es que lo cómodo es lo más fácil
y lo más fácil lo que menos esfuerzo nos da.
¿Dónde está el conflicto? Ya no es nada.
¿Dónde están las palabras? Ahora son meros mensajes.
¿Dónde está el debate, el diálogo? En una nube del subsuelo, en las voces falsas
que retumban en nuestros oídos.

En las voces falsas que salen de gargantas
cuyas cuerdas vocales
no merecen ser escuchadas.

ARIA

Un día te levantarás, esperarás y tu buzón estará vacío.
¿Por qué?
Aunque tú también dejaste de escribir cartas,
también te dejaron de escribir a ti.
Pasarán cosas, días, eventos.
Contarán con tu presencia pero casi de relleno, como si no hubieras nunca pasado por sus vidas.
Y a veces, aunque te halaguen diciendo «sí, claro, me encantaría verte», nunca más escucharás de su boca un simple «ven».
Apenas te invitarán otra vez.
Harás convites a los que no irá nadie. Será tu cumpleaños, nadie te hará regalos.
Y nadie preguntará qué es lo que te ronda en la vida o simplemente un «cómo te va»,
porque al final cada uno va a lo suyo y,
esforzarse por saber qué devenir tiene el prójimo,
nos quita energía para gastar en nuestros quehaceres.
O en nuestra propia vagancia.
Lo mejor es nunca esperar nada de nadie, excepto de tu esposa, de tus progenitores o tus hijos,
cuya lealtad se mantiene como una rama a su tronco.
La vida va pasando como episodios de novela y eliges si quieres, que sea una novela de solitud o tristeza, o una novela simplemente narrativa que cuente las cosas tal y como son.

Lo dicho.
Cuando dejas de estar en el centro o dejas de ser el pañuelo que todo el mundo usa cuando necesita, cuando se necesita, ya no se vuelve a estar jamás.

DUETO: EL DUELO

«Por qué ya no te acuerdas de mí
qué ha hecho que mires con desprecio
lo que proyectaste en mis sueños
qué es lo que no recuerdas de ti.»

Que fuiste lo que no quise nunca serlo
quien no es lo real sino lo conformado por lo ajeno
quien no come por su ansia sino por su templo
y por lo que nunca soñé que pudiera hacerlo.

«Y qué, ¿acaso lo merezco?
Tener tu indiferencia cuando antes todo era anhelo.
Solo pido una palabra, no pido ni el deseo
cuando antes cada frase tenía un fin.»

Ponle música si gustas, a este dueto
canta a la vida, que te devuelva lo puesto
lo banal, no recuerdo nada del nuestro
idilio que surgió, cuando eras solo un duelo.

«Sí. Eso será. Que yo he caminado y he ido lejos
que me he golpeado, que el mundo me comí
y volví de gracia, suspiré de nuevo
y me alegró saber que no me pareceré a ti.»

Acto 2

RECITATIVO

Me acuerdo que una vez con dieciséis años
leí un poema de Gil de Biedma
en el que decía que descubrió tarde que la vida iba en serio.

Al contrario de él, yo lo descubrí demasiado pronto. Y reconozco
que muchas personas con las que pensé que iba a envejecer
apenas han vivido un suspiro de mi vida.

Y reconozco
que muchas personas siguen pensando
que su obra es una única comedia.
Siguen actuando sin límite. Siguen pensando
que todo es jocoso.

Tarde será, como decía Gil de Biedma, cuando se den cuenta
de que esto es más que un acto.
Es una tragicomedia.

ARIA

Has oído a la pereza
cuando apenas tienes miedo
cuando todos los ensueños
se convierten en maleza
ese tedioso proseguir
por querer siempre un deseo
y seguir luchando a ciego
palo duro en tu proeza
porque es tan noble y tan humano
ser valiente y ser vago
sin sucumbir en la nobleza
diversión que es la vida
porque tanto bueno es el fracaso
como a veces odiosa la grandeza.

CORO

Para completar este poema, se requiere de la escucha simultánea de la obra Mit Liebendem Verlangen, de la ópera Sakhuntala de Franz Schubert

Con el deseo de atarle
a mis cadenas del cielo
y con las manos en vuelo

para siempre aliviarle…

para siempre aliviarle.

Entre cortinas de vuelo
y suelo de terciopelo
sus lágrimas de perlas
se funden en el suelo,

Se funden en el suelo.

Y qué sentís
y vos qué es lo que veis
y que oís
y vos cómo me veis
al fin sabré cómo es la vida en mí.

Y qué creéis
Sakuntala y él
cómo osáis
a ser como yo fui
al fin podré tener en manos su fragor.

Con el deseo de ser
y con las ansias de sentir
con la furia de poder
y el temor de no seguir
y el temor de no querer jamás seguir.

Por qué
es así
da miedo
peor es no temer.
¿Y entonces?
Es el qué
¿Qué significa?
Es la belleza
¿Por qué?

La belleza es bondad
porque tiene el deseo de ser
existen las ansias de sentir
no hay furia de poder
y temor a no seguir.

Y cómo ha llegado a pensar
cómo lo concluyó
que no fui nunca ideal
solo tan mera ilusión.

Sakuntala al sabio dijo
que la ninfa le abandonó
y a pesar del repudio
ella siguió… ¿por qué?
Qué fue
qué pasó
que nos daba tanto pánico
cómo vos perdió su voz
y se ahogó en tanto llanto
aquí no hay más que yo

soy el novísimo Hommo
el que resucitó
de su tuétano y su lomo.

Por qué temes tanto al viento
deja tu alma en movimiento
y si quieres respirar
no hay nada más que irse al vuelo.

Qué fue
qué ocurrió

qué cortó mi alma al cuello
qué es lo que pasó
que los ancestros encendieron.

Fue mi fémina virtud que
volvió a ser y renacer
y al fin pude visitar
mi sagrado rojo templo.

Acto 3

ARIA

Nacer
es el mayor fracaso del mundo.
No nos damos cuenta, claro que no, pero
nacemos con la certeza segura de que vamos a morir.

Yo nunca pensé en la muerte. Yo pensaba en ella como algo ficticio.
Dolía porque había gente que conocía de mi alrededor
que por algún casual u otro
había dejado su suspiro en la tierra.

Pero
llegó ese día en el que la ves asomándose.
Ese día en la que esa dama con capa y hoz
se acercó y entonces me puso contra la pared.

Sentí que no había aprovechado el tiempo suficiente.
Que somos más que ser una rueda de hacer y quedar bien,
somos seres con alma.

RECITATIVO: EL SER Y LA NADA

Fiorello:
Llega ese momento en el que por las circunstancias
no diste todas tus monedas como antes podías,
y que no eres el más asiduo a las verbenas porque te duele el alma.

Y aunque hayas sido antes el pie de cada columna,
las personas te ofrecen su nihil como si apenas hubieras respirado sus vidas.

Llega ese momento. Y eres el menos importante de la pirámide
el niño de en medio de la fila al que todos ignoraban.

El libro con las esquinas dobladas que nadie coge.

Y te toca llorar en algún hombro, nadie te lo pone.

Llega ese momento en el que la soledad es la sombra tuya.
Apenas tienes una mano que agarrar.

Quién volviera atrás y hubiera sido un despiadado ser del nihil.
Un oscuro corazón
sin apego.

Al menos no te sentirías solo y no te dolería
si lo único que ves de tus conocidos
son sus espaldas y desidia.
Música ligera de fondo. Violines. Viola. Bajo.

DUETO: EL SEGUNDO

Usted verá si yo no puedo
expresarme en mi fuero
interno y si quiero
pensar en lo que me quedo

en lo banal en lo que muero
por lo que se comen las palabras
que quieren credo y quieren sarna
de sentir que ya no hay duelo.

Pero existe si cuando duermo
entre horas sus entrañas
me llaman y yo no puedo

evitar que el tiempo plazca
y que mi alma tiene miedo
de que olvide usted mi calma.

RECITATIVO

Yo quiero cantarle a la vida
sin que ella me diga que es tarde
quiero saber lo que me depara
sin saber lo que me falte

sin tener el miedo a la nada
sin que la incertidumbre me mate
que tenga un camino de rosas
que las piedras no me rematen.

Quiero cantarle a las cosas bonitas
sin pensar en esa moneda que gaste
sin tener un corsé que me ahogue
ante esta realidad cambiante.

SOLISTA: LAS FLORES MUERTAS

Fueron las flores que me regaló
tan muertas y pobres que un lamento suspiró
tenían el hambre de agua y de vivir
pero las tristes flores solo se podían ir.

Pero es que aquellas flores que su alma regaló
tenían largas espinas que iban al corazón.

Despierto sus tallos pero no la pobre flor
rogando al cielo un rayo de sol
las flores cantaban de angustia y de pesar
pero sus voces no llegaban a sonar.

Sus manos retozaban sus pétalos sin más
sabiendo que esas flores no iban a resucitar.

El tiempo pasa y el sol también
la noche cae y vuelven a ver
el aire sopla y vuelve a soplar
el frío triste que ya marchará.

Y vuelven las flores y las vuelven a tallar
el tiempo pasará y florecerán
pero sus cantos no se escucharán.

Las flores que mueren un día nacerán
pero esas flores nadie las recordará
el tiempo pasa y no volverá.

Y es cómo caerán
cómo caerán
cómo caerán…

Acto 4

La desidia

PRELUDIO: EL LODO

Ocurren cosas en la vida que uno no quiere
y ocurren muchas cosas en la vida
que uno no quiere que pasen
y que podrían no pasar.

A veces podemos hacer cosas para evitarlo, pero a veces no
y te ahogas en el lodo de tus propios pensamientos.
La furia.
La desidia.
La rabia.
Y el odio.
Pero ¿de qué sirve?

Absolutamente de nada.

De ser un cadáver, envuelto en tus angustias
de defender pilares que no cavarán tu tumba
de pensar en personas
que piensan que no existes.

Todos esos pensamientos acabarán en el lodo
y el lodo te invadirá
pero lo que nunca, nunca permanece
es la desidia por uno mismo.

Y bien
¿de qué vale no hacer nada?,
¿de qué vale esperar a que alguien decida por ti?,
¿de qué vale saber que aunque te ahogues el que tiene la mano más larga no la va a tender?
Y que además, ha formado esa mano tan larga a costa de cortársela a los demás.
Pues bien, no vale de nada
matizaría muchas ideas
y romantizar aún más
y ojalá todo el mundo fuera la utopía que dibuje en mi cabeza
hace muchos años
y obviamente así no va a ser.

Pero
si nosotros no somos los que ponemos las barcas en el lodo
las que nos quitamos los dientes de los lobos
las que honramos a nosotros mismos, y queremos nuestra libertad y nuestra integridad
no habrá nadie más
y seremos unos náufragos de la desesperanza.

RECITATIVO: LA VIDA Y LA GLORIA

Quiero ser la vida que renace entre mis labios
tener la sangre entre las venas que a mí me corresponde
poder hablar, y que mi voz sea lo que se oye
y que no sea un túmulo de gritos apagados.

Quiero ser la dueña de lo que a mi aura corresponde
la responsable de mi gloria y de mis fracasos
y no montarme de golpe en ningún barco
que en aras de la seguridad me lleve a donde

nunca he pedido ni amado
que me quite los dedos de mi horizonte
que no sepa lo que he logrado

que reconozca el sudor que corresponde
a las luchas que yo solo he batallado
que la libertad sea lo que me corone.

SOLISTA: ASCO

Hoy casi me atropellan
y no es la primera vez
coches alterados que por aterrizar un minuto más tarde
prefieren
ignorar y atropellar
los derechos y la libertad de vivir.

Llegarás un minuto después en vez de cinco al trabajo,
pero matarás a una persona
¿Prefieres vivir con eso toda la vida?
Creo que les da igual. El trabajo antes que ser uno.
Y para colmo mucho colmo
una chica me ha golpeado por detrás. Otra que llevaba unos
segundos de retraso. Me choca con su hombro

no pide perdón.

Es cansado estar teniendo que advertir a la gente de que lo
que hacen está mal.
Que es incorrecto mirar con cara de asco a la gente.
O quedarse mirando como si les debieras el alma.

Es incorrecto y da asco. El comportamiento humano
infernal. Simplemente por llegar ese minuto antes o después.
¿Acaso importa?

Porque si tu valía depende de lo antes o después que llegues a tu hora de fichar
pero no del legado o la huella que dejas…
permíteme decir que es deprimente.

Hoy casi me atropellan y no será la primera vez,
cuando saludaba al conductor y le grité para que parase
seguía mirando al frente con la mirada vaga
ni un ápice de culpa o vergüenza.

A mí se me caería el alma al suelo si casi atropello a alguien.
Pero lamentablemente ya las cosas no son así.
¿Acaso habrá otro loco en el mundo que piense que esto no está bien?

Finale

La poesía

«La poesía es viva
¡y vivan!
La poesía es alegría
y la más triste de las historias.
La poesía es lo que queda
cuando de carne te despojan
el sentir de lo que llaman
"un artista de poca monta".
Es el dolor de una vida
el amor de la memoria
los besos que no se dieron
las caricias que fueron tortas.
La poesía es un arte
pero más arte es hacer historia
la rima vuela hacia la noche
lo asonante es lo que asoma.
La poesía está viva
es la pureza de la gloria
el cantar del hombre firme
y de las mujeres que la Humanidad ignora .
Es la poesía la más temerosa
forma de revolución en el arte
es la poesía que toma
con su palabra un estandarte
y es la poesía lo único

que aferra la contemporánea moda
y es inútil y por eso es arte
porque si el arte fuera útil no será Historia
la poesía está viva.
¡Viva!
Y coleante.
La poesía es lo que mi corazón trona
viva el día de la poesía.
Vivamos todos poetas devotas.
La poesía es lo que indica
que tu humanidad sigue en tu memoria.»

ÍNDICE

Este libro se terminó de editar en Granada
en agosto de 2025 por

Aliarediciones

www.aliarediciones.es
info@aliarediciones.es